Luca Nascimbene

Il Ragazzo che cantava poesie d'amore

Youcanprint *Self-Publishing*

Titolo | Il Ragazzo che cantava poesie d'amore
Autore | Luca Nascimbene

ISBN | 978-88-93321-32-7

Youcanprint Self-Publishing
Via Roma, 73 - 73039 Tricase (LE) - Italy
www.youcanprint.it
info@youcanprint.it
Facebook: facebook.com/youcanprint.it
Twitter: twitter.com/youcanprintit

Quel ragazzo che cantava poesie d'amore è un'opera di poesie tristi d'amore e morali.

Siamo stati tutti innamorati, ma a volte i due di picche ci rammaricano, ci facciamo delle paranoie e questo è plausibile.

Quel ragazzo in realtà sono proprio io, ma da questo libro di poesie voglio lasciare un messaggio chiaro:

Quando vi innamorate di una persona che pensate possa essere la vostra anima gemella fino alla vostra vecchiaia confidate subito il vostro amore perchè il treno passa solo una volta.

Questo errore lo fatto più di una volta e lo sto pagando con grande rammarico.

La mia fonte di ispirazione per questo libro di poesie è una Ragazza che amo da tempo e che devo ringraziarla per il suo messaggio filosofico sulla vita: Giorgia Tarditi

Casteggio 15/01/2017

Luca Nascimbene

Alle mie delusioni d'amore alle
ragazze che non ho mai confidato
il mio amore

A Giorgia T.
la mia fonte di ispirazione e di gioia

Luca Nascimbene

"Mano a Mano"
Guardai le giovine coppie
Mano a mano
Che gioia vederli ed essere in
armonia, In futuro magari avranno dei
bambini, Che bel futuro!,
Che Gioia!,
Invece io solo e solitario,
Burbero, Duro
con me stesso,
Perchè timidezza mi feci da scudo inutilmente ?!
Non potrò mai avere una famiglia,
Non potrò mai avere bambini,
Quando mi sveglierò non avrò nessuno da
dialogare, Quando prima di addormentarmi non
avrò dialogo, Questi passaggi della vita sono
fondamentali!, Dialogare è importante!,
E' fondamentale amarsi e avere una compagnia per la vita.

"Quae est amor non tacet "
Oh amor che non tacqui
Ai tempi che furono provai amor per alcune giovani
donzellette Fino quando il mio amor si spense
Rimasi amareggiato dal destino ingiusto
Il mio core rimase duro cupo d'amore
Le giovani ragazze mi ripudiarono e mi evitarono
Qual è il mio destino ?
Essere ancora solitario fino al fato ?
Ormai la giovane adolescenza è passata !
La speranza mia mori da subito !
Solo e arrabbiato col destino ingiusto e crudele
La nostra madre natura e cattiva con noi umani
Fra queste persone ci sono anche io !
Cuori ! Duri come il cemento
Donzellette ! Avide e ingiuste con gli uomini che
provano sentimenti per loro
Oh mia sfortunata adolescenza dei giorni
andati Addio gioventù
Rinascerò con la speranza di non essere sbagliato

"Vita sbagliata"
Oh vita mia perché tu mi ripudiasti?!
Cosa ho fatto per meritare questo ?!
Nacqui nel grembo materno da una donna speciale Mia madre,
Il destino crudele quando diverrò' anziano e solitario lei me la
porterai via come dal resto ciascuno di noi fa il viaggio di sola
andata
Siamo stelle nel ciel
Quando ci spegniamo andiamo nel vuoto Questo
noi umani ci amareggia ma ci consola perché ci
incontreremo tutti primi o poi nel paradiso terrestre
La vita mi ha portato via tutto quello che avevo
caro L'adolescenza l'amore per una donzelletta
Che cosa io debbo fare !
Morir solitario per Bacco !
Aspettare la signora con la scure e il mantello
nero Addio gironi andati
Addio sentimenti
Quei pochi ricordi felici si stanno dissolvendo e Spariranno
nel vento
Il mio ricordo e le mie poesia nessuno si ricorderà
Luca Nascimbene
1/1

Il tramonto e la luna
Parola soave
Che l'immago ci fa
pensare Guardiam il ciel
Vediamo il sole
tramontare Con un
particolare L'orizzonte
Illuminato con la sfumatura
rossa Fantasticare
Pensare
Baciarsi nel tramonto
Idee romantiche
Che nessun umano può contraddire
Quel sole maestoso che tramonta e che le tenebre affliggono le
condizioni del ciel
La luna lustra brilla
Come non si può parlarle
Noi umani siamo affascinati da tanta
bellezza E ne rimaniamo di stucco

"Giorgia T"
Quel giorno di scuola
Vidi il tuo sorriso
L'amore mi attraversò
Lentiggini dolce viso
Capelli color oro
I tuoi occhi scintillavano
Tutto un sogno per me
Una nuvola arrivò
Eri di un altro
Impegnata in un altro futuro
Tristezza infinita
La mia timidezza mi impediva
Che passasi accanto a te liberamente
Bellezza maestosa è la tua
Cuore rigido e impacciato e' il mio
Mi sembra di non aver motivo di esistere
Di non aver respiro per vivere
E di trascorrere l'ultimo giorno su questa gelida
terra Perché accade ? Perché soffrire?
Perché questo immenso sentire per te ?

Scuola
Grande famiglia
La scuola e gli alunni
Armonia di professori
Grandi ottimi professori
La scuola è un luogo meraviglioso
Dove si scambiano idee e dialoghi è soprattutto studio
È sempre un sipario quando si esce diplomati o
laureati E quando sei già diplomato ti senti anziano
Sei amareggiato nel lasciare i professori amici compagni
di classe
Questo non è un addio
Che il mio ricordo sia elogiato è ricordato nei vostri cuori
per quello che ero
Anche se questo è il mio ultimo sipario nella mia
carriera scolastica

Malattia
Malattia mi feci vittima
Sei stata una cattiva amica
Saper di aspettare la signora con il mantello e la scure
mi amareggia
Vivere giorno dopo giorno la mia vita è sbagliato
Schizofrenia
Perbacco
Cattiva
Schifosa
Orribile
Canaglia
Malattia
Perché oh tu malattia mi feci questo ?
Perché destino mi assegnasti questo male ove le cure non
ci sono ?
Oh morte
Quanto dovrò soffrire a lungo ?
Scusa se ti ho invocata invano
Ma questo mi angoscia e mi
ossessiona Duro è ingiusto
Pur essendo duro
Il mio carattere è ingiusto Amai
delle persone ai tempi Persi la
voglia d'amore e di vivere
L'unico amore è mia madre
Trionfatrice e amorevole
Amichevole confortevole
Ausiliatrice
Ritrovare l'amore come la famiglia è il massimo della vita

Ma bisogna rassegnarci perché anche loro da anziani la signora
morte purtroppo porterà via un grande pezzo amore

Vita!
ci fai illudere
Ci fai credere che tutto è rose e
fiori Invece è solo una beffa!
La vita per alcuni essere umani è piena di gloria e gioia,
Per altri è solo un supplizio che non finisce mai!
Perbacco!
Vita!
Dacci un attimo di gioia!,
Pensare che tu sei ingiusta!
Altri possono avere posso e comando,
Vita agiata, amore
E altri invece neanche quello possiedono,
Dov'è finita la bilancia della giustizia!
Non osiamo parlare dell'amore!,
le donne vogliono uomini secondo criteri come l'aspetto fisico
e non per i sentimenti che provano,
Magari elle sono anche delle beccaciòne,
Ma questo non le importa,
Elle vogliono essere sposate con un uomo dalla bellezza
notevole ma allo stesso tempo sono felici di essere
tradite!, Che schifo!
Che vergogna!,
Non c'è più ritegno in ciascuno di essi.

Federico B.

Amico!,
Con una forte sensibilità!,
Il destino ti fece rendere triste!
Ingiustamente !
Perchè tuo padre si ammalò E
tu lottavi per cercare risposte
Domande
Immagino che ancor oggi le cerchi queste benedette
domande! La vita è piena di sorprese amare,
É schifosa, traditrice!
Oh mio caro federico!
La vita non bisogna aspettarsi cose belle,
Mi scuso se sono così diretto!,
Passai anche io dei momenti
brutti, Non come i tuoi!
Si sempre te stesso e credi nelle tue potenzialità,
Non buttarmi mai giù di morale!

Fantasmi del passato

I fantasmi del passato
Ovvero ricordi del passato
Dove ci fa amarezza ricordare il
passato, Un boato,
Nella nostra mente Ci
riconduce al presente,
Ricordiamo cose spiacevoli,
Ma anche cose piacevoli,
Anche se sono poche le cose piacevoli della vita,
Fantasma!
Quando il mio corpo si poserà nella bara
E la mia pietra fredda ci sarà scritto il mio nome e cognome e
non elogi
Io non sarò ricordato nè nel passato e ne nel futuro!.
C'è qualcosa che non ricordo ?
Ho visto la mia fine nei miei
sogni Illusione?
Verità!?
Questo lo si scoprirà solo vivendo

"Emozioni"
Quel sorriso
Quel sentimento
Quella emozione provata anni fa'
Come ti vorrei!
Come vorrei che tu fossi mia!,
Quanto vorrei che tu mi stringessi
Quanto vorrei che fossimo mano nella mano,
Quanto vorrei che il mio amor si accenda per
te Ma non sarà così
Mi dissolverò nel vento,
Quanto vorrei essere sposato!

Aver dei pargoli !
Ma tutto questo è solo sogno!.

Il Mare

Onde di
pensieri Acqua
azzura, Spiagge
Gioventù che giocano nella
sabbia, Che si divertono
Che nel orizzonte fantastichiamo e pensiamo cosa ci sia
altrove Ragazze!

Dono e simbolo della bellezza
Bellezza di venere
Graziose
Odo il rumor del mare
I suoi rumori,
Le sue burrasche La
gente solare, Che ne
caratterizza Un simbolo
per il mare.

"Morte"

Chi sei tu ?!
sei tu l'immago ?
Si tu colei che nessuno umano puo' fuggire in eterno?
Sei la signora con la falce e la scure ?!
Prendi le anime delle persone come se fossero
caramelle non guardi in faccia nessuno,
non hai nessun briciolo di compassione,
Dimmi morte!
quando morirò nella mia lapide
non ci sarà nessun elogio
e tutti non seppero chi fossi
io, La vita è così,
c'è chi è felice e si gode la fama elogio
e c'è chi desidera un po' di fama e muore con la speranza
di diventare famoso!

"Italia"

Nazione con dei principi,
Madre patria di chi è emigrato,
E che porterà sempre nel suo cuore questa nazione,
le tue terre,
le tue viti che si estendono al nord e anche al
sud, I tuoi olivi,
I tuoi agrumi derivati dalla
Sicilia, i tuoi monumenti,
le tue piazze,
i tuoi musei,
rappresentano il luogo culturale e simbolo del Italia stessa,
ci distinguiamo da altri paesi Europei,
Ci invidiano,
da tanta maestosità nazionale.
Oh Italia!,

ti feci comandare!,
da persone che la storia non gli seppe insegnare niente
dai propri errori,
ci sono tanti problemi!,
Corruzione,
Mafia,
politici non degni si essere chiamati Italiani!.

L'immaginario

Per me si va oltre l'impossibile,
Per me si va nell' immensità,
Per me si va nello spazio immaginario, Ove
lo sguardo mi impedisce di immaginare,
Pensare il futuro immaginario,
Svegliarsi!

E poi ti accorgi che era solo l'immago,
Non solo scientifico è l'immago spaziale,
Per me sei l'immaginario amoroso!
Quella donna che io non ho!,
E mi diverto immaginarti,
E pensare per un attimo che non sei mia.

L'incertezze Amorose

Essere incerto!,
pensare che quella ragazza ti ama!,
E' un incerto!,
passano anni,
Vedi quelle giovine fanciulle di tanta maestosità,
che non posso essere tue!,
Impazzire,
angosciarti,
deprimerti,
per colpa della incertezza amorosa e della timidezza,

e te la vedi portar via,
come bere un bicchiere d'acqua,
E qui mi Rattristo,
Canaglia Tristezza!,
Canaglia incertezza!,
vergogna!

"il gabbiano"

vola,
vola,
amico mio,
ascolterò i tuoi lamenti,
come tu ascoltasti me in quella notte sul timone,
ero disperato,
l'amore,
il desiderio di procreare,
 avere una donna,
 avere dei bambini,
tutto questo non è possibile,
la bestia nera che ho interiormente,
non posso svelare chi sono io,
non posso dire che sono malato di mente,
A lei,
Ella il suo viso soave,
i suoi capelli color oro,
son tutto per me,
non riesco a svelare chi son io,
e tu amico mio ?
cosa hai di caro ?
io niente,
ricordo,
oh amico mio,
quelli non ti vollero nel gruppo,
vai,
vai
amico mio

vai da lei,
non fare come me,
fatti valere,
un giorno ci rivedremo,
in ciel,
dove riposerà il mio corpo,
dove non sarò mai ricordato in terra,
come i grandi letterati,scienziati,
addio amico mio,
che il nostro incontro non svanirà nei nostri ricordi.

"Giorgia Tarditi"

Occhi color oceano,
capelli color oro,
viso angelico,
donna con sentimenti,
donna dotata di intelligenza e di finezza,
sei la donna dei miei sogni,
sei la donna angelo,
Oh Giorgia !
quel tuo sorriso,
quel tuo viso angelico,
mi trafissero il mio cuore,
quando diventerai la mia donna ?
aspettando una tua risposta,
il mio core diventa sempre di più pieno di speranze,
Nel sentimento,
nel dubbio,
che tu provi i miei stessi sentimenti reciprochi,
Aspetterò al tua risposta.

Finito di stampare nel mese di Gennaio 2017
per conto di Youcanprint *Self-Publishing*